AF194506

Impressum
Verlag: BABADADA GmbH, Nedderfeld 112 , 22529 Hamburg
Geschäftsführer / Verlagsleitung: Harald Hof
Druck: Books on Demand GmbH, In de Tarpen 42, 22848 Norderstedt

Imprint
Publisher: BABADADA GmbH, Nedderfeld 112 , 22529 Hamburg, Germany
Managing Director / Publishing direction: Harald Hof
Print: Books on Demand GmbH, In de Tarpen 42, 22848 Norderstedt

學校
مکتب

教室
صنف درسی
除
تقسیم کردن
186/2
黑板
تخته
老師
معلم
紙
کاغذ
書寫
نوشتن
筆
خودکار
辦公桌
میز کار
直尺
خط کش
書
کتاب
學生
شاگرد

書包

بیگ مکتب

鉛筆盒

قلم دانی

鉛筆

پنسل

削鉛筆機

پنسل تراش

橡皮擦

پنسل پاک

畫板

کتابچه رسم

圖畫

نقاشی

畫筆

برس رنگ زنی

顏料盒

بکسک رنگه

剪刀

قیچی

膠水

سریش

練習冊

کتاب تمرین

家庭作業

کار خانگی

12

數字

عدد

2+2

加

جمع کردن

5-2

減

تفریق کردن

2×2

乘

ضرب کردن

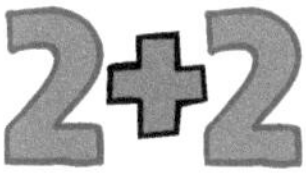

計算

حساب کردن

A

字母

حرف

ABCDEFG
HIJKLMN
OPQRSTU
VWXYZ

字母表

الفبا

hello

字

کلمه

課文

متن

讀

خواندن

粉筆

تباشیر

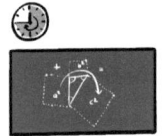

上課

درس

登記

ثبت نام

考試

امتحان

證書

تصدیقنامه

校服

یونیفورم مکتب

教育

تحصیل

百科全書

دانشنامه

大學

پوهنتون

顯微鏡

مایکروسکوپ

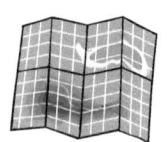

地圖

نقشه

廢紙簍

سبد کاغذ باطله

飯店
هوتل

Grand

青年旅社
لیلیه

ROOMS

外幣兌換處
دفتر صرافی

EXCHANGE

手提箱
بیگ سفری

汽車
موتر

語言

زبان

是/否

بلی / نخیر

好的

بسیار خوب

您好

سلام

翻譯人員

مترجم

謝謝

تشکر از شما

.....多少錢？

قیمتش چقدر است؟

我不明白

نمی فهمم

問題

مشكل

晚上好！

عصر بخیر! / شب بخیر!

早上好！

صبح بخیر!

晚安！

شب بخیر!

再見

خداحافظ

方向

مسیر

行李

بار مسافر

包

بیگ

背包

بیگ پشتکی

客人

مهمان

房間

اطاق

睡袋

بستره خواب سیار

帳篷

خیمه

旅行資訊

معلومات توریستی

海灘

ساحل

信用卡

کریدیت کارت

早餐

صبحانه

午餐

طعام چاشت

晚餐

غذای شام

票

تکت

電梯

لفت

郵票

مهر

邊界

مرز

海關

گمرک

大使館

سفارتخانه

簽證

ویزه

護照

پاسپورت

交通運送

حمل و نقل

飛機
طیاره
船
کشتی
消防車
موتر اطفاییه
公車
بس
卡車
لاری
汽艇
قایق موتوری
腳踏車
بایسکل
汽車
موتر

渡輪

کشتی

小船

قایق

機車

موترسایکل

警車

موتر پولیس

賽車

موتر مسابقه

租車

موتر کرایی

拼車

اشتراک وسایط

拖車

جرثقیل

垃圾車

موتر حمل زباله

馬達

موتور

汽油

تیل

加油站

تانک تیل

交通標識

علامت ترافیکی

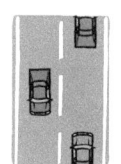

交通

عبور و مرور

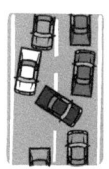

交通堵塞

راهبندان

停車場

پارک وسایط

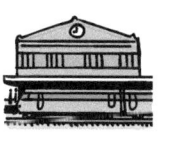

火車站

ایستگاه ریل

軌道

خط ریل

火車

ریل

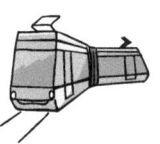

路面電車

ریل برقی

客車廂

واگن

直升機

هلیکوپتر

機場

میدان هوایی

塔

برج

乘客

مسافر

集裝箱

کانتینر

紙板箱

کارتن

手推車

گادی

籃子

سبد

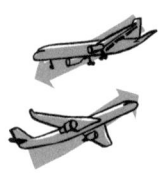

起飛/降落

پرواز کردن / فرود آمدن

城市

شهر

村莊

قریه

市中心

تیاتر شهر

房子

خانه

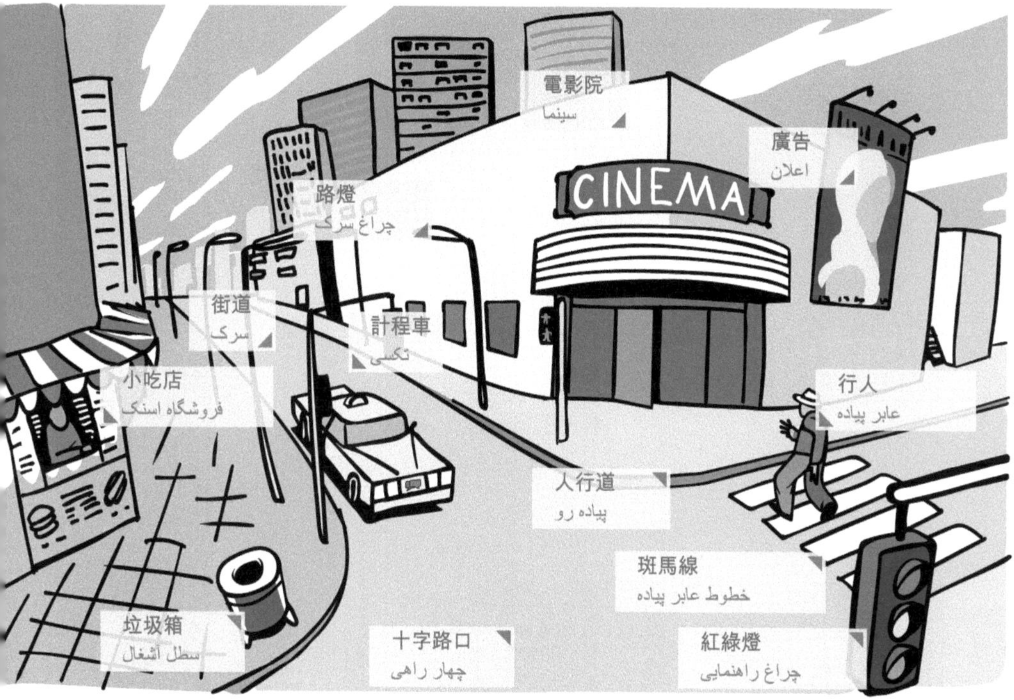

電影院
سینما
廣告
اعلان
CINEMA
路燈
چراغ سرک
街道
سرک
計程車
تکسی
小吃店
فروشگاه اسنک
行人
عابر پیاده
人行道
پیاده رو
斑馬線
خطوط عابر پیاده
垃圾箱
سطل آشغال
十字路口
چهار راهی
紅綠燈
چراغ راهنمایی

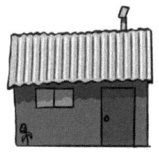

小屋

کلبه

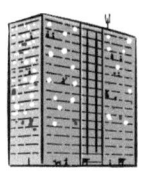

公寓

آپارتمان

火車站

ایستگاه ریل

市政廳

تالار شهر

MUSEUM

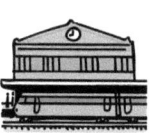

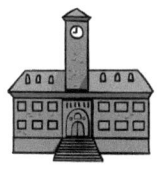

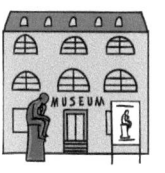

博物館

موزیم

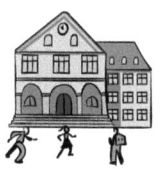

學校

مکتب

大學

پوهنتون

銀行

بانک

醫院

شفاخانه

飯店

هوتل

藥房

دواخانه

辦公室

دفتر

書店

کتابفروشی

商店

مغازه

花店

گل فروشی

超市

سوپر مارکیت

市場

فروشگاه

百貨商店

فروشگاه

魚店

ماهی فروشی

購物中心

مرکز خرید

海港

بندر

公園

پارک

長凳

دراز چوکی

橋

پل

樓梯

زینه ها

捷運

مترو

隧道

تونل

公車站

ایستگاه بس

酒吧

میخانه

餐館

رستورانت

郵筒

صندوق پست

路標

علامت سرک

停車計時器

ماشین پارکو متر

動物園

باغ وحش

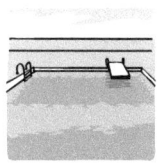

游泳池

حوض آببازی

清真寺

مسجد

農場

مزرعه

污染

آلوده گی

墓地

قبرستان

教堂

كليسا

操場

ميدان بازی

寺廟

معبد

地形

چشم انداز

樹葉
برگ

指示牌
لوحه

路
راه

草地
علفزار

石頭
سنگ

樹
درخت

徒步旅行
者
كوهنورد

河
دریا

草
علف

花
گل

峽谷

دره

丘陵

تپه

湖

دریاچه

森林

جنگل

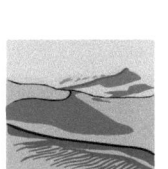

沙漠

صحرا

火山

آتشفشان

城堡

قلعه

彩虹

رنگین کمان

蘑菇

سمارق

棕櫚樹

درخت آلو

蚊子

پشه

蒼蠅

مگس

螞蟻

مورچه

蜜蜂

زنبور

蜘蛛

عنکبوت

甲蟲

قانغوزک

青蛙

بقه

松鼠

موش خرما

刺蝟

خارپشت

野兔

خرگوش صحرایی

貓頭鷹

بوم

鳥

پرنده

天鵝

مرغابی

野豬

خوک وحشی

鹿

گوزن

麋鹿

گوزن شمالی

水壩

بند آب

風力發電機

توربین بادی

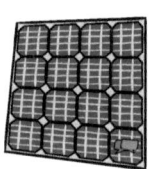

太陽能電池板

صفحه خورشیدی

氣候

آب و هوا

餐館

رستورانت

服務生
پیشخدمت
菜譜
مینوی غذا
椅子
چوکی
湯
سوپ
披薩餅
پیتزا
餐具
قاشق و پنجه و کارد
桌布
روی میزی

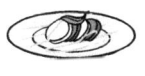

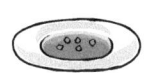

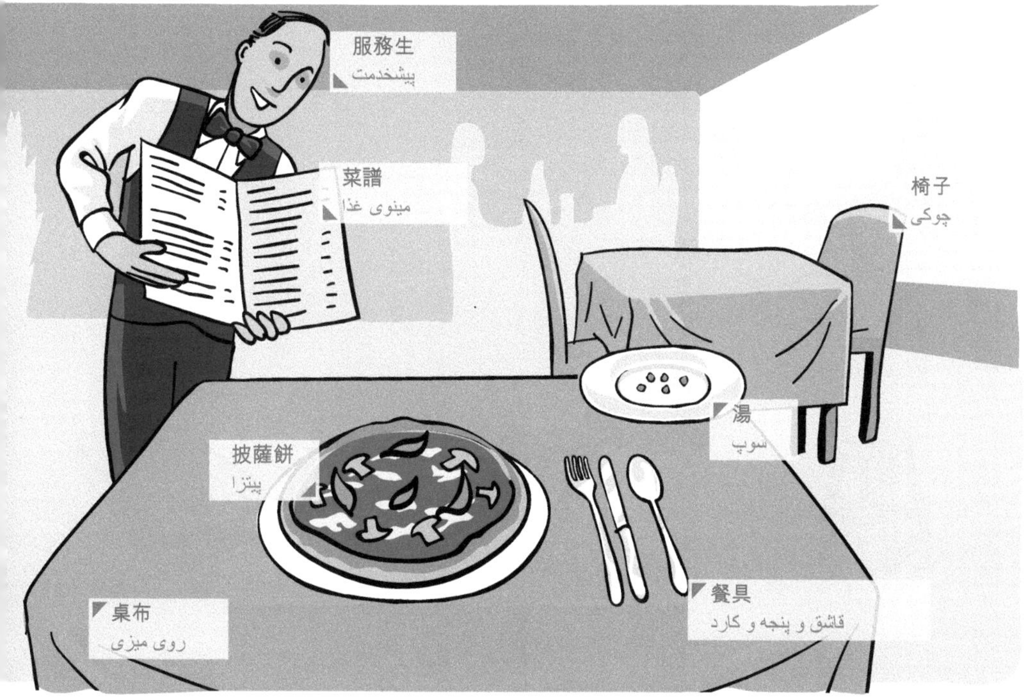

前菜

پیش غذا

主菜

غذای اصلی

甜點

شرینی

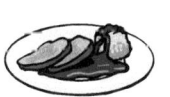

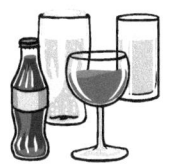

飲料

نوشیدنی ها

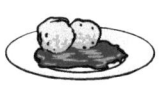

食物

غذا

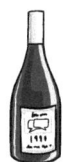

瓶子

بوتل

速食

فاست فود

街邊小吃

غذای کنار سرک

茶壺

چاینک/ترموز

糖盒

قندانی

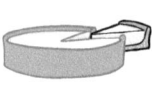

一份飯菜

بخش غذا

義式咖啡機

دستگاه اسپرسو

高腳椅

چوکی بلند

帳單

بل

托盤

پطنوس

刀

چاقو

餐叉

پنجه

勺子

قاشق

茶匙

قاشق چای خوری

餐巾

دستپاک دسترخوان یا میز

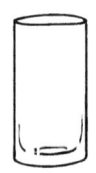

玻璃杯

گیلاس

餐館 - رستورانت

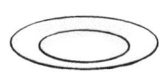

碟子

بشقاب

湯盤

بشقاب سوپ

碟子

نعلبکی

醬

چتنی

鹽瓶

نمکدان

胡椒研磨罐

آسیاب مرچ

醋

سرکه

食用油

روغن خوراکی

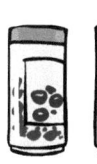

調味料

ادویه

番茄醬

کچاپ

芥末

ساس خردل

美乃滋

مایونز

超市

سوپر مارکیت

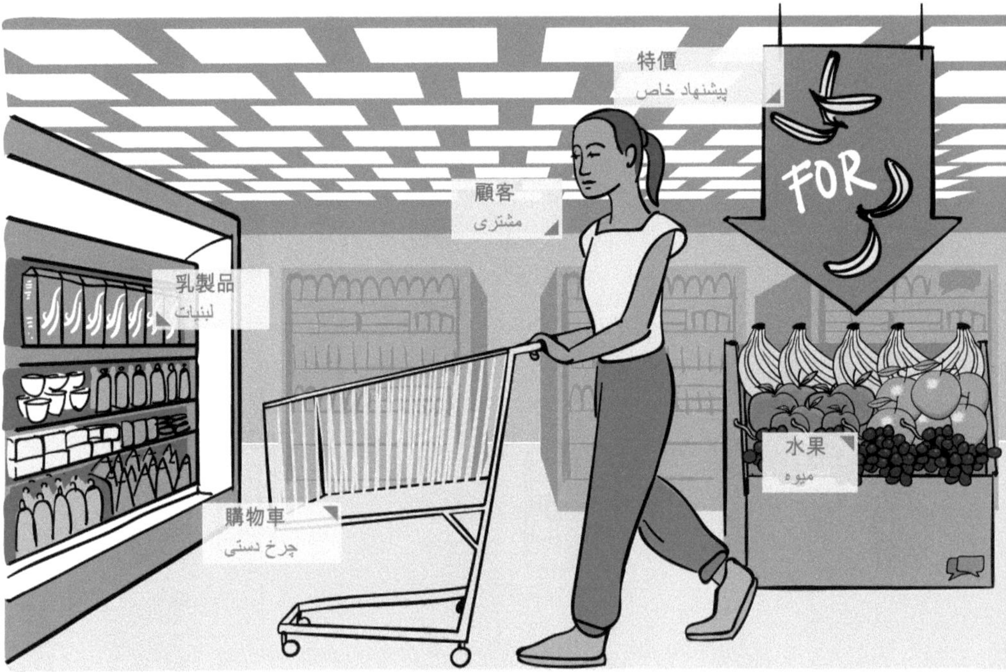

特價
پیشنهاد خاص
FOR
顧客
مشتری
乳製品
لبنیات
水果
میوه
購物車
چرخ دستی

BUTCHERS

肉鋪

قصابی

BAKERY

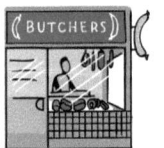

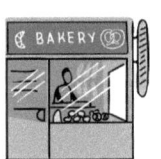

麵包店

نانوایی

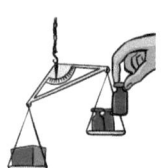

稱重

وزن کردن

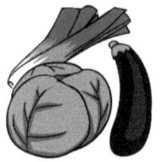

蔬菜

سبزیجات

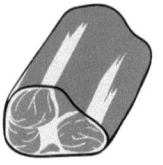

肉

گوشت

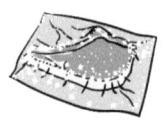

冷凍食品

غذای منجمد

冷盤

غذای سرد

罐頭食品

غذای کنسر شده

洗衣粉

پودر رختشویی

甜食

شیرینی

日用品

لوازم خانگی

清潔用品

محصولات پاک کننده

銷售員

فروشنده

收銀機

دخل پیسه

收銀員

صندوقدار

購物清單

لست خرید

開放時間

ساعات کاری

錢包

بکسک جیبی

信用卡

کریدیت کارت

袋子

بیگ

塑膠袋

بیگ پلاستیکی

飲料
نوشیدنی ها

水

آب

果汁

جوس

牛奶

شیر

可樂

نوشابه

紅酒

شراب

啤酒

بیر

酒

الکول

可可

ککو

茶

چای

咖啡

قهوه

義式濃縮咖啡

اسپرسو

卡布奇諾

کاپوچینو

香蕉

كيله

蘋果

سيب

柳丁

مالته

西瓜

تربوز

檸檬

ليمو

胡蘿蔔

زردگ

大蒜

سير

竹子

چوب خيزران

洋蔥

پياز

蘑菇

سمارق

堅果

مغزيات

麵條

آش

義大利麵

مکرونی

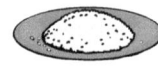

米飯

برنج

沙拉

سلاد

薯條

چیپس

炸馬鈴薯

کچالو سرخ کرده

披薩餅

پیتزا

漢堡

همبرگر

三明治

ساندویچ

炸豬排

کتلت

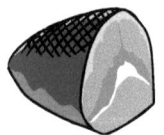

火腿

همبرگر

義大利臘腸

سالامی

香腸

ساسج

雞肉

مرغ

烤肉

کباب

魚

ماهی

燕麥片

فرنی جو

木斯里

صبحانه رژيمی

玉米片

کورن فلکس

麵粉

آرد

牛角麵包

کروسانت

麵包捲

قرص نان

麵包

نان خشک

吐司

توست / نان بريان

餅乾

بيسکيت

奶油

مسکه

凝乳

چکه

蛋糕

کيک

蛋

تخم مرغ

煎蛋

تخم مرغ سرخ شده

起司

پنير

食物 - غذا

冰淇淋

آیسکریم

糖

شکر

蜂蜜

عسل

果醬

مربا

巧克力醬

مسکه چاکلیت

咖哩

زردچوبه هندی

農場
مزرعه

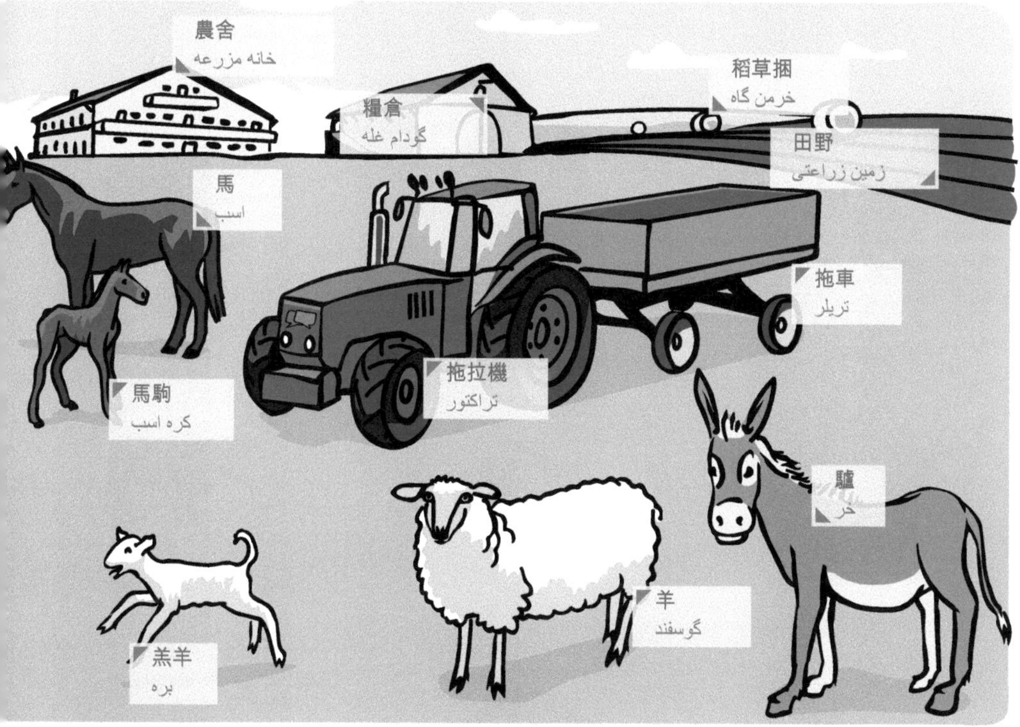

農舍
خانه مزرعه
糧倉
گودام غله
稻草捆
خرمن گاه
田野
زمین زراعتی
馬
اسب
拖車
تریلر
拖拉機
تراکتور
馬駒
کره اسب
驢
خر
羊
گوسفند
羔羊
بره

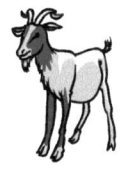

山羊

بز

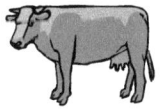

奶牛

گاو

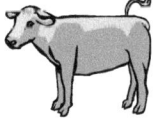

小牛

گوساله

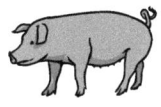

豬

خوک

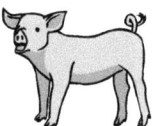

小豬

خوکچه

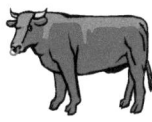

公牛

گاو نر

鵝

قاز

鴨

مرغابی

小雞

چوچه مرغ

母雞

مرغ

公雞

خروس

鼠

موش صحرایی

貓

پیشک

老鼠

موش

牛

گاومیش

狗

سگ

狗屋

خانه سگ

花園澆水軟管

خانه باغ

澆水壺

آبپاش

長柄大鐮刀

داس

犁

قولبه کردن

鐮刀

داس

鋤頭

كج بيل

長柄草耙

چنگال باغبانی

斧頭

تبر

獨輪手推車

كراچی

飼料槽

تغار

牛奶罐

قوطی شير

麻布袋

بوجی

柵欄

ديوار مرزی از چوب يا سيم خار دار

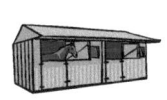

馬廄

پايدار

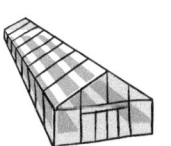

溫室

گلخانه

土壤

خاک

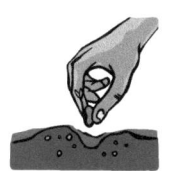

種子

تخم

肥料

كود

聯合收割機

ماشين درو وخرمنكوبی

收割

درو کردن

收割

درو

地瓜

کچالو شرین

小麥

گندم

大豆

سویا

土豆

کچالو

玉米

جواری

油菜籽

کلزا

果樹

درخت میوه

樹薯

مانیوک

穀物

غلات و حبوبات

房子
خانه

دودکش
屋頂
پشت بام
落水管
آب رو
窗戶
کلکین
車庫
گراج
門鈴
زنگ دروازه
門
دروازه
垃圾桶
سطل زباله
信箱
صندوق نامه
花園
باغچه

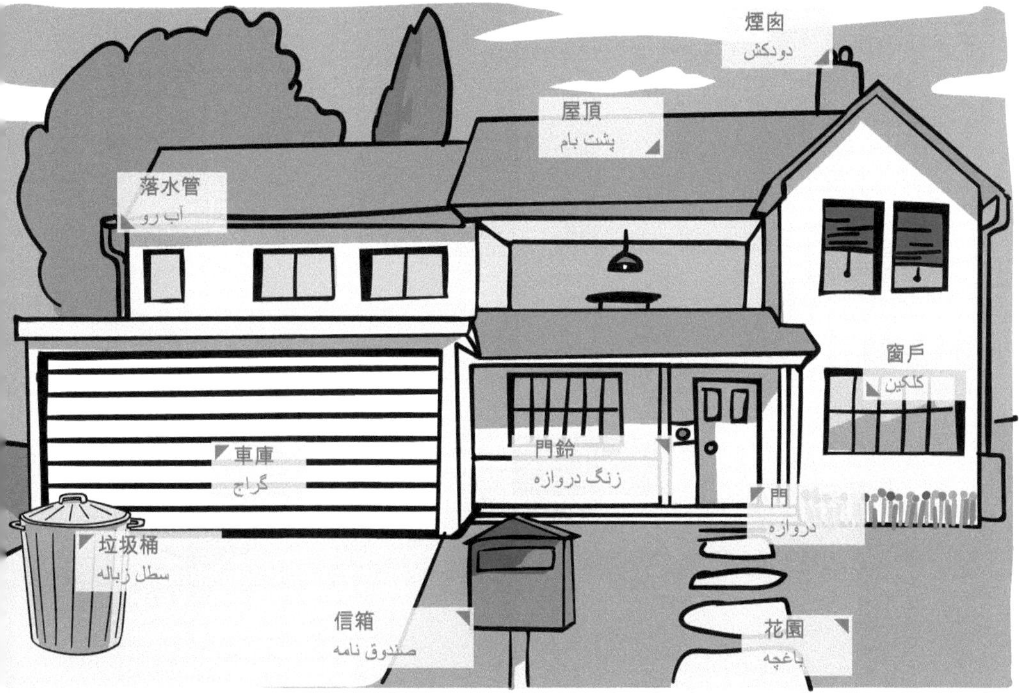

客廳
اطاق نشیمن

浴室
حمام / دستشویی

廚房
آشپزخانه

臥室
اطاق خواب

兒童房
اطاق اطفال

餐廳
اطاق پذیرایی

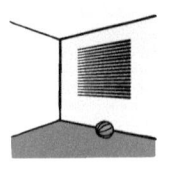

地板

كف زمين

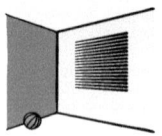

牆壁

ديوار

天花板

سقف

地窖

گودام زير زمينی

三溫暖

سونا

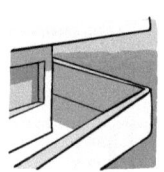

陽臺

بالكن

露臺

برنده / بالكن

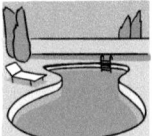

游泳池

حوض

割草機

ماشين درو كردن چمن

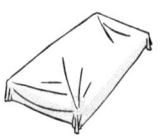

被單

ورق كاغذ

床罩

روجايی

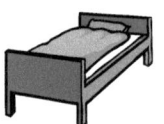

床

تختخواب

掃帚

جارو

水桶

سطل

開關

سويچ

客廳

اطاق نشیمن

壁紙
کاغذ دیواری
相片
تصویر
檯燈
چراغ
擱架
قفسه
櫥櫃
کابینت
電視
تلویزیون
壁爐
بخاری دیواری
花
گل
墊子
بالشت
沙發
کوچ
花瓶
گلدان
遙控器
ریموت کنترول

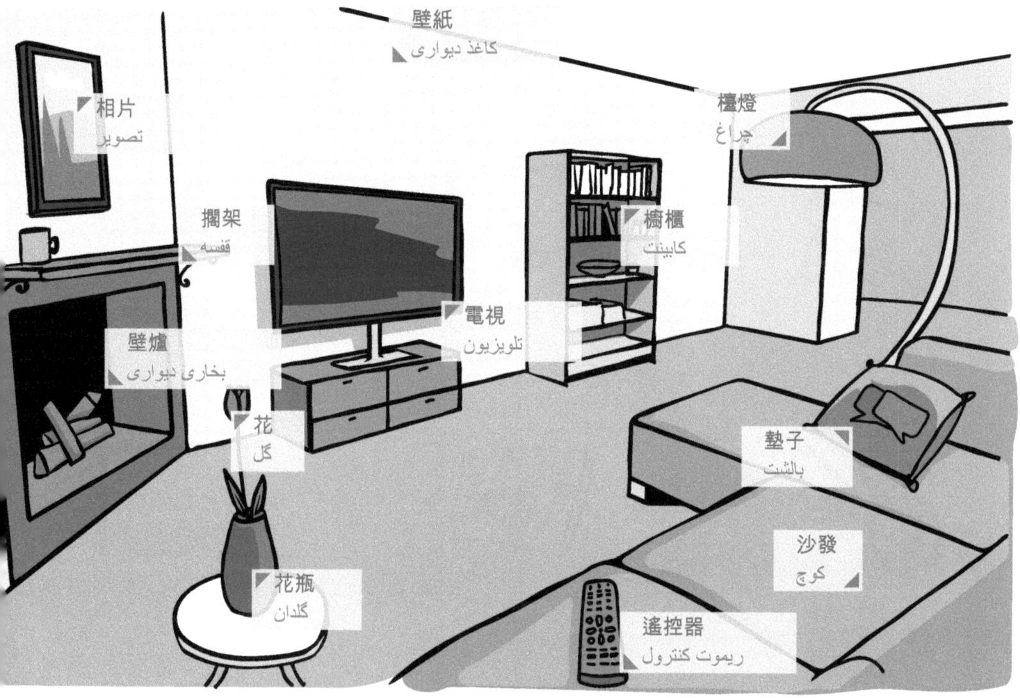

地毯

فرش

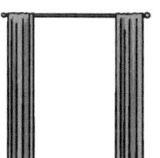

窗簾

پرده

餐桌

میز

椅子

چوکی

搖椅

چوکی گهواره یی

扶手椅

چوکی دسته دار

書
كتاب

毯子
كمپل

裝飾品
دكوراسيون

木柴
هيزم

電影
فلم

高傳真音響
سيستم های فای

鑰匙
كليد

報紙
روزنامه

油畫
تابلوی نقاشی

海報
پوستر

收音機
راديو

筆記本
دفتر

吸塵器
جاروبرقی

仙人掌
كاكتوس

蠟燭
شمع

廚房
آشپزخانه

冰箱
یخچال
微波爐
منقل مایکروویو
烤麵包機
تستر
洗潔精
مواد شوینده
烤箱
داش
冰櫃
یخ دانی
垃圾桶
سطل زباله
洗碗機
ظرفشویی

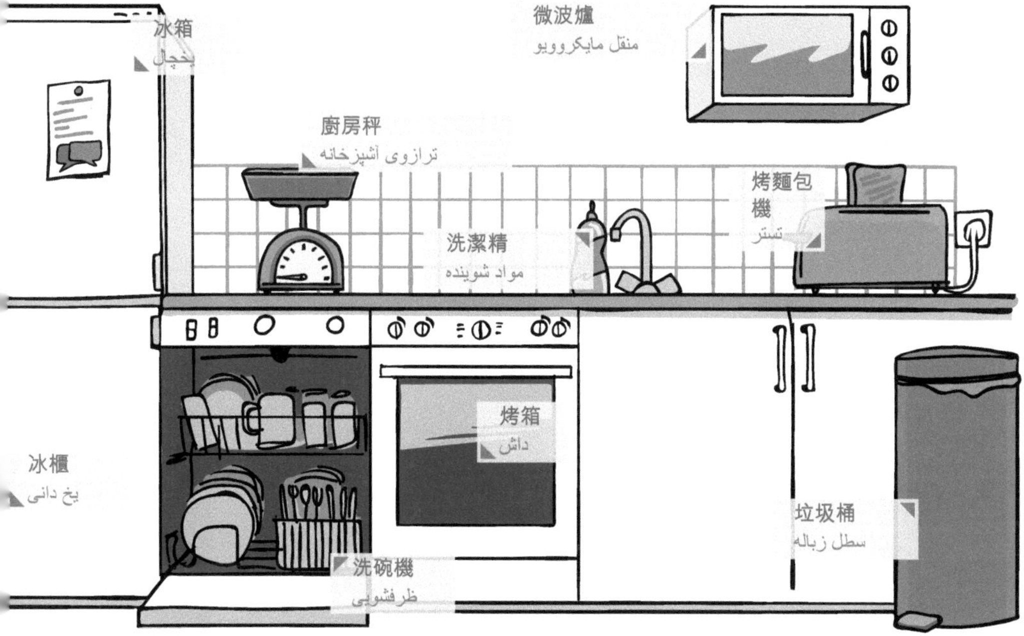

炊具
منقل

鍋
دیگ

鑄鐵鍋
دیگ چدنی

炒鍋
کراهی

平底鍋
تابه

水壺
چای جوش

蒸鍋

بخارپز

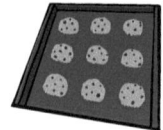

烤盤

پطنوس طباخی

陶瓷鍋

ظروف

馬克杯

پیاله کلان

碗

کاسه

筷子

چاپستیک ها

長柄勺

ملاقه

鏟子

کفگیر

攪拌器

مخلوط کننده

濾網

چلو صاف

篩子

غلبیل

磨碎機

رنده

研缽

هاونگ

燒烤

بار بیکیو

明火

آتش باز

菜板

تخته برش

擀麵杖

آشگز

開瓶器

سر بازکن

罐子

قوطی

開罐器

سر باز کن

隔熱手套

دستگیره تکه ای

水槽

ظرف شویی

刷子

برس ظرف شویی

海綿

اسفنج

攪拌機

مخلوط کن

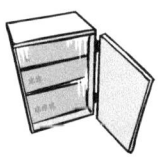

冷藏箱

فریزر

奶瓶

شیر چوشک اطفال

水龍頭

نل آب

浴室

حمام / دستشویی

供暖裝置
گرم کننده
毛巾
جان پاک
شاور
浴簾
پرده حمام
泡沫浴
حمام کف
浴缸
تب حمام
玻璃杯
گیلاس
洗衣機
ماشین لباسشویی
水龍頭
نل آب
瓷磚
کاشی
便壺
پات اطفال
水槽
ظرف شویی

廁所

تشناب

蹲便器

کمود فرشی

坐浴器

کمود

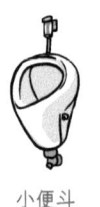

小便斗

تشناب مرد ها

廁紙

کاغذ تشناب

馬桶刷

برس کمود

牙刷

برس دندان

牙膏

کریم دندان

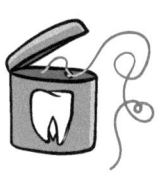

牙線

نخ دندان

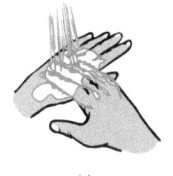

洗

شستن

手持式蓮蓬頭

شاور دستی

沖洗器

شاور کمود

洗臉盆

دستشویی

洗背刷

برس پشت

肥皂

صابون

沐浴露

جل حمام

洗髮乳

شامپو

法蘭絨

لیف

排水

آب رو

乳霜

کریم

除臭劑

بوزدا

鏡子

آینه

手鏡

آینه دستی

刮鬍刀

ریش تراش

刮鬍泡沫

کف ریش تراشی

鬍後水

کلونیا

梳子

شانه موی

刷子

برس

吹風機

سشوار

噴髮定型劑

اسپری مو

化妝品

آرایش

唇膏

لب سرین

指甲油

رنگ ناخن

化妝棉

پشم پنبه

指甲剪

ناخن گیر

香水

عطر

洗漱包

کیسه شستشو

凳子

چوکی چار پایه

計重秤

ترازوی وزن

浴袍

جان پاک

橡膠手套

دستکش پلاستیکی

衛生棉條

تامپون

衛生棉

کوتکس

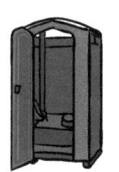

化學廁所

تشناب سیار

兒童房

اطاق اطفال

鬧鐘
ساعت زنگ دار
毛絨玩具
گدی های نرم
玩具車
موتر سامان بازی
撥浪鼓
جرنگانه
玩具屋
خانه گدی
禮物
هدیه

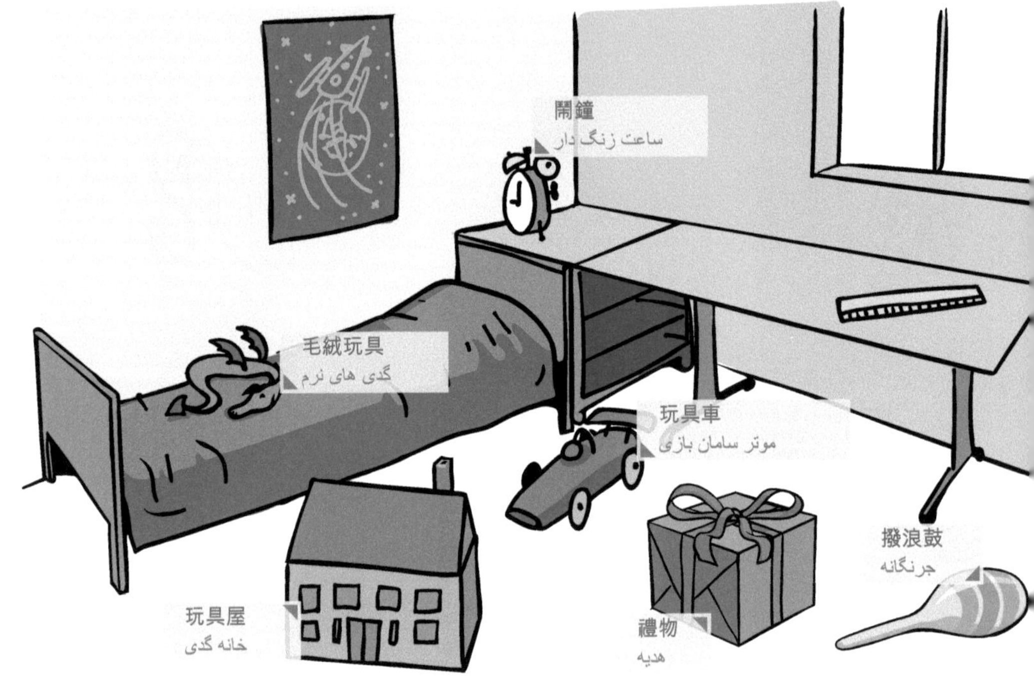

氣球

پوقانه

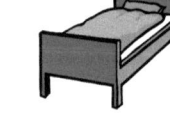

床

تختخواب

嬰兒車

ریکشه اطفال

撲克牌

قطعه بازی

拼圖

پازل

漫畫

خنده آور

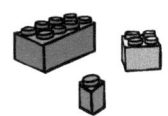

樂高積木

خشت های لگو

積木玩具

بلوک های سامان بازی

公仔

پچه فلم

嬰兒服

لباس طفل

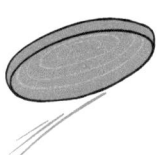

飛盤

فریزبی

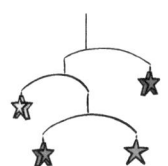

床鈴玩具

سامان بازی که روی تخت خواب اطفال اویزان می شود

棋盤遊戲

بازی تخته یی

骰子

تاس

火車模型

ریل اسباب بازی

安撫奶嘴

چوشک

派對

مهمانی

繪本

کتاب تصویری

球

توپ

洋娃娃

گدیگک

玩

بازی کردن

沙坑
جعبه ریگ

鞦韆
گاز

玩具
اسباب بازی

電玩遊戲
کنسول بازی کمپیوتری

三輪車
سه چرخه

泰迪熊
خرس سامان بازی

衣櫃
الماری لباس

衣服

لباس

襪子
جوراب

長襪
جوراب دراز

緊身褲
برجس

圍巾
چادر سر

雨傘
چتری

T恤
بلوز

皮帶
کمربند

靴子
بوت

拖鞋
چپلک

運動鞋
کرمچ

涼鞋
چپلی

鞋
بوت

雨靴
موزه پلاستیکی

內褲
نیکر

胸罩
واسکت زنانه

背心
واسکت

身體

بدن

褲子

برزو

牛仔褲

پتلون کاوبای

短裙

دامن

女式襯衫

بلوز

襯衫

پیراهن

套頭衫

یالان

連帽上衣

جاکت کلاه دار

西裝夾克

جاکت

夾克

چمپر

外套

کورتی

雨衣

کوت بارانی

套裝

لباس مخصوص مراسم

連衣裙

پیراهن

婚紗

لباس عروسی

西裝

دریشی

睡袍

لباس خواب

睡衣

پاجامہ

莎麗

ساری

頭巾

چادر سر

包頭巾

لنگی

波卡

چادری

卡夫坦

کفتان

(阿拉伯式)長袍

چادر

泳衣

لباس آببازی

男式泳褲

نیکر پاچہ دار

短褲

پتلون نصفہ

運動服

لباس ورزشی

圍裙

پیش بند

手套

دستکش

鈕扣

دکمه

眼鏡

عینک

手鏈

دستبند

項鍊

گردن بند

戒指

انگشتر

耳環

گوشواره

便帽

کلاه پیک دار

衣架

کوت بند

帽子

کلاه

領帶

نیکتایی

拉鍊

زیپ

安全帽

کلاه مصون

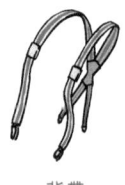

背帶

بند تنبان

校服

یونیفورم مکتب

制服

یونیفورم

圍兜

پیش بند

安撫奶嘴

چوشک

尿布

پمپر

辦公室

دفتر

伺服器
سرور
檔案櫃
الماری اسناد
印表機
پرینتر
紙
کاغذ
螢幕
مانیتور
滑鼠
ماوس
میز کار
資料夾
فولدر
鍵盤
کیبورد
廢紙簍
سبد کاغذ باطله
電腦
کمپیوتر
椅子
چوکی

咖啡杯

گیلاس قهوه

計算機

ماشین حساب

網際網路

اینترنت

筆記型電腦

لپ تاپ

信件

نامه

簡訊

پیام

行動電話

موبایل

網路

شبکه

影印機

ماشین فوتوکاپی

軟體

نرم افزار

電話

تلیفون

插座

پلک

傳真機

دستگاه فکس

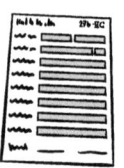

表格

فورمه

檔案

سند

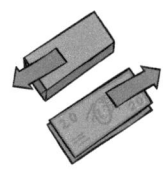

買

خرید کردن

付錢

پرداختن

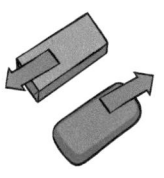

交易

تجارت کردن

現金

پول

美元

دالر

歐元

يورو

日元

ين

盧布

روبل

瑞士法郎

فرانک سوئیس

人民幣

يوان رنمينبی

盧比

روپیه

提款處

خودپرداز

外幣兌換處

دفتر صرافی

金

طلا

銀

نقره

石油

نفت

能源

انرژی

價格

قیمت

合約

قرارداد

稅金

مالیات

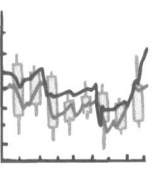

股票

سهام

工作

کار کردن

職員

کارمند

老闆

استخدام کننده

工廠

فابریکه

商店

مغازه

職業

شغل ها

警官
افسر پولیس
消防員
آتش نشان
廚師
آشپز
醫師
داکتر
飛行員
پیلوت

園丁

باغبان

木匠

نجار

裁縫

خیاط

法官

قاضی

化學家

کیمیا دان

演員

بازیگر

公車司機

راننده بس

計程車司機

راننده تكسی

漁夫

ماهيگير

清洗女工

خدمه

屋頂工

سقف ساز

服務生

پیشخدمت

獵人

شكارچی

畫家

نقاش

麵包師

نانوا

電工

برقی

建築工人

بنا

工程師

انجنیر

屠夫

قصاب

水管工

نلدوان

郵差

پستچی

54　　　　　　職業 - شغل ها

士兵

سرباز

建築師

معمار

收銀員

صندوقدار

花農

گل فروش

理髮師

آرایشگر

售票員

مامور تکت ریل

機械技師

میخانیک

船長

کاپیتان

牙醫

داکتر دندان

科學家

دانشمند

拉比

خاخام/ عالم یهودی

伊瑪目

امام

和尚

راهب

牧師

ملا

工具
ابزار

鐵錘
چکش
鉗子
پلاس
螺絲起子
پیچ کش
扳手
رینچ
手電筒
چراغ دستی

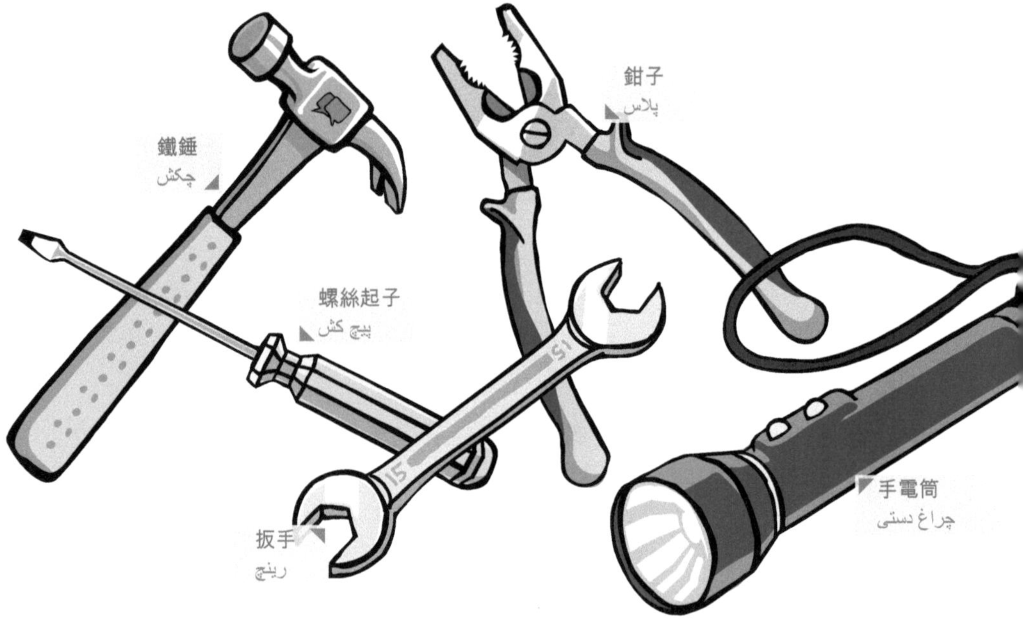

挖掘機

ماشین حفاری

工具箱

جعبه ابزار

梯子

زینه

鋸子

اره

釘子

میخ

鑽機

برمه

修
ترمیم کردن

鏟子
بیل

糟糕！
لعنتی!

畚箕
خاکروبه

油漆桶
سطل رنگ

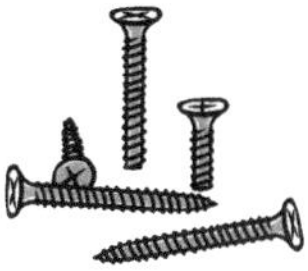

螺絲
پیچ

樂器
آلات موسیقی

揚聲器
بلندگو

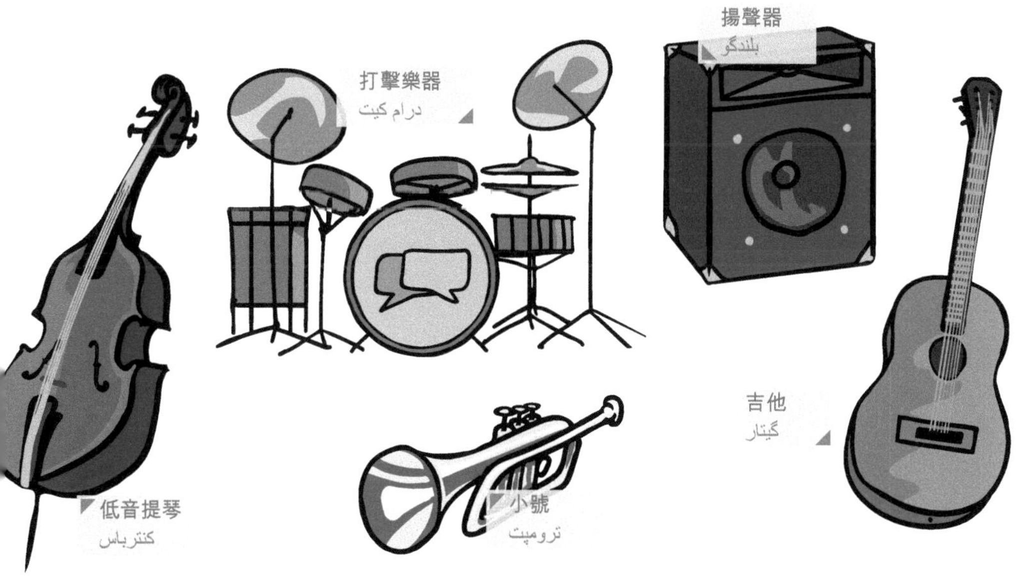

打擊樂器
درام کیت

吉他
گیتار

低音提琴
کنترباس

小號
ترومپت

鋼琴

پیانو

小提琴

وایلن

貝斯

گیتار بیس

定音鼓

دهل

鼓

دول

電子琴

پیانوی برقی

薩克斯風

ساکسوفون

長笛

توله

麥克風

میکروفون

動物園

باغ وحش

入口
ورودی
老虎
ببر
籠子
قفس
斑馬
گوره خر
غذای حیوانات
熊貓
پاندا

動物

حیوانات

大象

فیل

袋鼠

کانگورو

犀牛

غژ گاو

大猩猩

گوریلا

熊

خرس

駱駝

شتر

鴕鳥

شترمرغ

獅子

شیر

猴子

میمون

紅鶴

فلامینگو

鸚鵡

طوطی

北極熊

خرس قطبی

企鵝

پنگوئن

鯊魚

کوسه

孔雀

طاووس

蛇

مار

鱷魚

تمسا

動物園管理員

نگهبان باغ وحش

海豹

سگ آبی

美洲豹

پلنگ خالدار امریکایی

矮種馬

اسب کوچک

豹

پلنگ

河馬

اسب آبی

長頸鹿

زرافه

老鷹

عقاب

野豬

خوک وحشی

魚

ماهی

龜

سنگ پشت

海象

شیر دریایی

狐狸

روباه

羚羊

غزال

體育

ورزش ها

橄欖球
فوتبال امریکایی
騎腳踏車
بایسکل سواری
網球
تنیس
籃球
باسکتبال
游泳
آب بازی
拳擊
بوکس
冰球
هاکی روی یخ

美式足球

فوتبال

羽毛球

بدمینتون

田徑

ورزشکاری

手球

هندبال

滑雪

اسکی

馬球

پولو

跳
خیز زدن

擁抱
بغل کردن

笑
خندیدن

走路
راه رفتن

唱
خواندن

做夢
خواب دیدن

祈禱
دعا کردن

親吻
بوسیدن

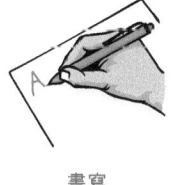

書寫

نوشتن

畫

کشیدن

展示

نشان دادن

推

تیله کردن

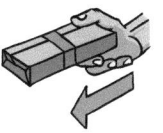

給

دادن

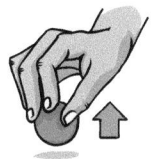

拿

گرفتن

有

داشتن

做

انجام دادن

當

بودن

站

ايستادن

跑

دويدن

拉

كش كردن

丟

پرتاب كردن

摔倒

افتادن

躺

دروغ گفتن

等待

صبر كردن

攜帶

حمل كردن

坐

نشستن

穿衣

لباس پوشيدن

睡覺

خوابيدن

醒來

بيدار شدن

看

نگاه کردن

哭

گریه کردن

擊

ضربه زدن

梳頭

شانه کردن

交談

صحبت کردن

明白

فهمیدن

問

پرسیدن

聽

گوش دادن

喝

نوشیدن

吃

خوردن

清理

مرتب کردن

愛

عشق ورزیدن

做飯

پختن

開車

راننده گی کردن

飛

پرواز کردن

航行

روی آب حرکت کردن

計算

حساب کردن

讀

خواندن

學習

یاد گرفتن

工作

کار کردن

結婚

ازدواج کردن

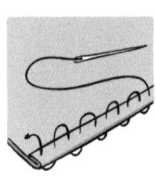

縫

دوختن

刷牙

برس کردن دندان ها

殺

کشتن

抽菸

سگریت کشیدن

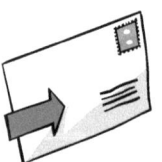

寄

فرستادن

家
فامیل

祖母
مادرکلان
祖父
پدرکلان
父親
پدر
母親
مادر
嬰兒
نوزاد
女兒
دختر
兒子
پسر

客人

مهمان

阿姨

عمه / خاله

叔叔

ماما/کاکا

兄弟

برادر

姐妹

خواهر

身體

بدن

前額
پیشانی
眼睛
چشم
臉
روی
下巴
زنخ
乳房
سینه
手指
انگشت
手
دست
手臂
بازو
肩膀
شانه
腿
پا

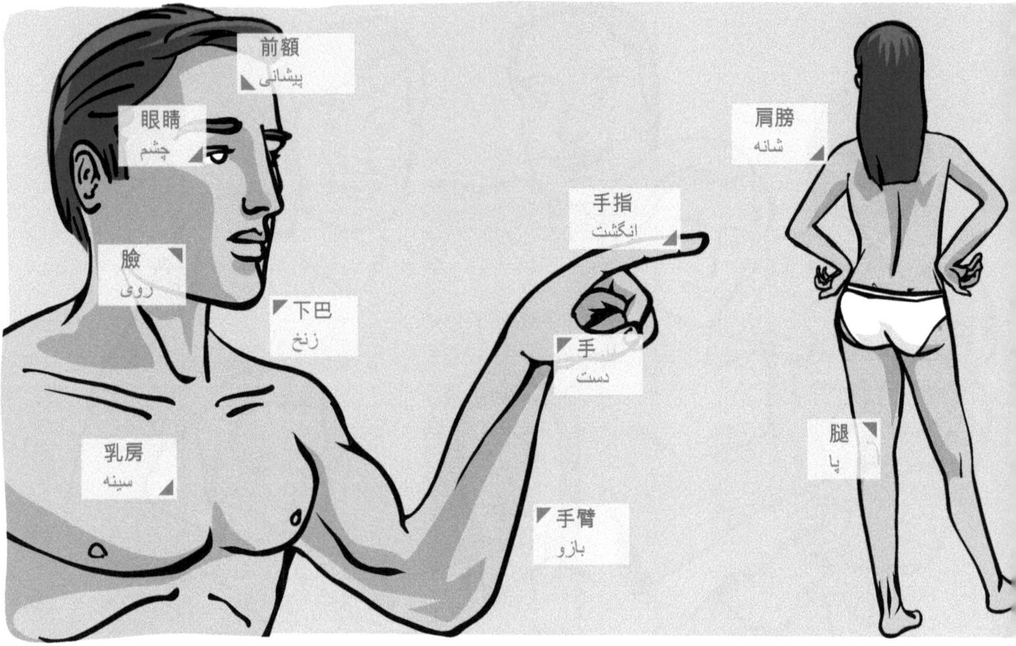

嬰兒

نوزاد

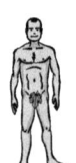

男人

مرد

女人

زن

女孩

دختر

男孩

پسر

頭

سر

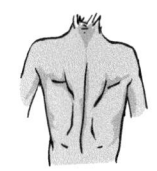

背部

کمر

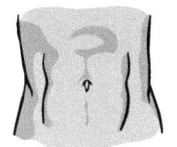

肚子

شکم

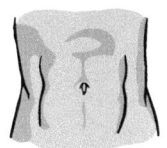

肚臍

ناف

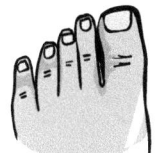

腳趾

انگشت پا

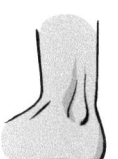

腳後跟

کوری پای

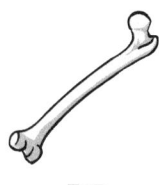

骨頭

استخوان

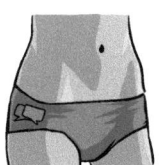

臀部

کمر

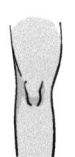

膝蓋

زانو

手肘

آرنج

鼻子

بینی

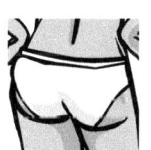

屁股

سرین

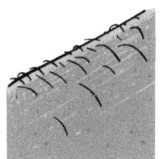

皮膚

پوست

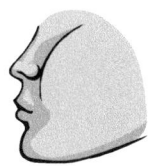

臉頰

کومه

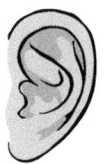

耳朵

گوش

嘴唇

لب

嘴

دهان

牙齒

دندان

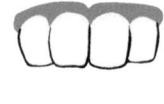

舌頭

زبان

腦

مغز

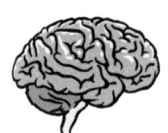

心臟

قلب

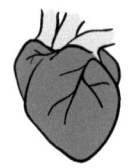

肌肉

عضله

肺

شش

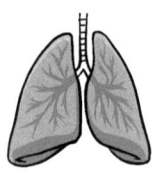

肝臟

جگر

胃

معده

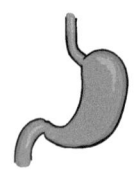

腎臟

گرده

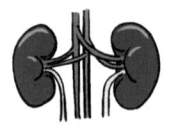

性交

رابطه جنسی

保險套

کاندوم

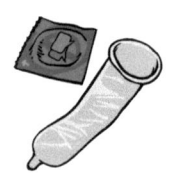

卵子

تخمه

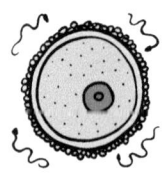

精子

آب منی

懷孕

حاملگی

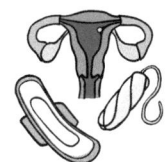

月事

قاعده گی

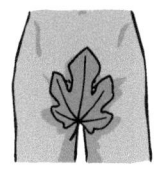

陰道

مجرای تناسلی زن

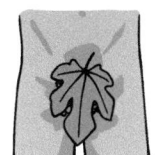

陰莖

آلت تناسلی مرد

眉毛

ابرو

頭髮

مو

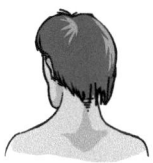

脖子

گردن

醫院
شفاخانه

急救車
امبولانس
輪椅
چوکی چرخدار
骨折
شکستگی

醫師
داکتر

急診室
اطاق عاجل

護理師
نرس

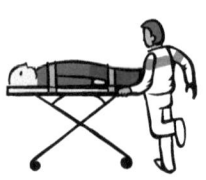

緊急情形
عاجل

昏迷
بیهوش

痛
درد

受傷

جراحت

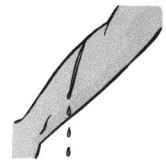

出血

خونریزی

心臟病發作

حمله قلبی

中風

سکته مغزی

過敏

حساسیت

咳嗽

سرفه

發燒

تب

流感

انفلوانزا

腹瀉

اسهال

頭痛

سردرد

癌症

سرطان

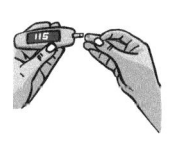

糖尿病

شکر

外科醫師

جراح

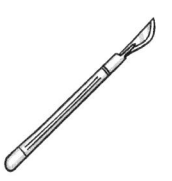

手術刀

چاقوی جراحی

手術

عملیات

電腦斷層掃描

سی تی

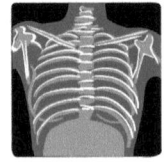

X光

ایکسری

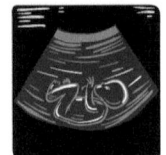

超音波

سونوگرافی

口罩

ماسک روی

疾病

مریضی

候診室

اطاق انتظار

拐杖

عصا

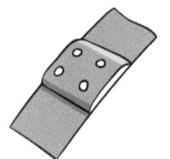

石膏

گچ

繃帶

پانسمان

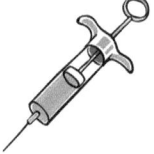

注射

تزریق

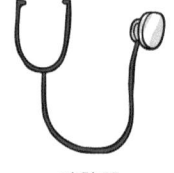

聽診器

استاتسکوپ

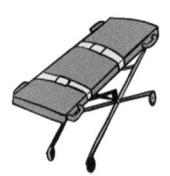

擔架

تذکره

體溫計

ترمامیتر کلینیکی

出生

تولد

超重

اضافه وزن

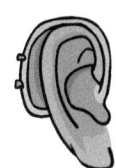

助聽器

سمعک

消毒液

ضدعفونی کننده

感染

عفونت

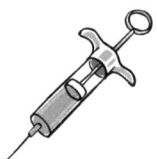

病毒

وایروس

愛滋病

اچ آی وی / ایدز

藥物

ادویه

接種疫苗

واکسیناسیون

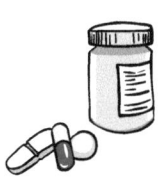

藥片

تابلیت ها

藥丸

تابلیت

急救電話

تماس اضطراری

血壓計

مانیتور فشار خون

生病/健康

بیمار / سالم

緊急情形

عاجل

救命！

کمک!

警報

زنگ هشدار

突擊

تجاوز

攻擊

حمله

危險

خطر

緊急出口

خروج اضطراری

失火了！

آتش!

滅火器

آله ضد حریق

意外

حادثه

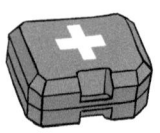

急救箱

بکسه کمک های اولیه

呼救訊號

پیام اضطراری

員警

پولیس

地球

زمین

歐洲

اروپا

北美洲

امریکای شمالی

南美洲

امریکای جنوبی

非洲

آفریقا

亞洲

آسیا

澳洲

استرالیا

大西洋

اقیانوس اطلس

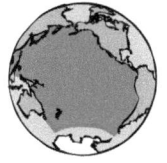

太平洋

اقیانوس آرام

印度洋

اقیانوس هند

南冰洋

اقیانوس منجمد جنوبی

北冰洋

اقیانوس منجمد شمالی

北極

قطب شمال

南極

قطب جنوب

南極洲

قاره قطب جنوب

地球

زمین

陸地

خشکی

海

دریا

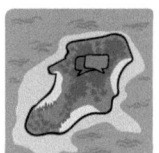

島

جزیره

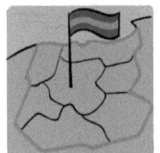

國家

ملت

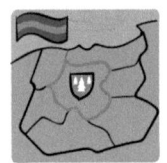

州

كشور

鐘錶

ساعت

錶盤

روی ساعت

時針

عقربه ساعت شمار

分針

عقربه دقیقه شمار

秒針

عقربه ثانیه شمار

現在幾點？

ساعت چند است؟

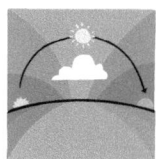

天

روز

時間

زمان

現在

اکنون

電子錶

ساعت دستی دیجیتال

分

دقیقه

時

ساعت

週一 دوشنبه
週三 چهارشنبه
週五 جمعه
週二 سه شنبه
週六 شنبه
週四 پنجشنبه
週日 یکشنبه

昨天
دیروز

今天
امروز

明天
فردا

早晨
صبح

中午
ظهر

晚上
غروب

工作日
روزهای کاری

週末
اخر هفته

年

سال

彩虹
رنگین کمان
雨
باران
雪
برف
風
شمال
春
بهار
秋
خزان
夏
تابستان
冬
زمستان

4.APRIL 11°
5.APRIL 4°
6.APRIL 13°
7.APRIL 8°
8.APRIL 10°

天氣預告

پیش بینی آب و هوا

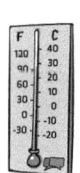

溫度計

ترمامیتر

陽光

آفتاب

雲

ابر

霧

غبار

潮濕

رطوبت

閃電
رعد و برق

打雷
الماسک

風暴
طوفان

冰雹
ژاله

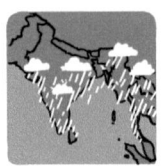

季風
موسم بارندگی

洪水
سیل

冰
یخ

一月
جنوری

二月
فبروری

三月
مارچ

四月
اپریل

五月
می

六月
جون

七月
جولای

八月
اگست

82   年 - سال

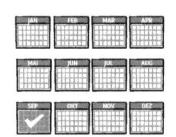

九月

سپتمبر

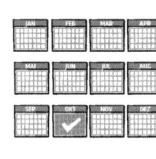

十月

اکتوبر

十一月

نومبر

十二月

دسمبر

形狀

شکل ها

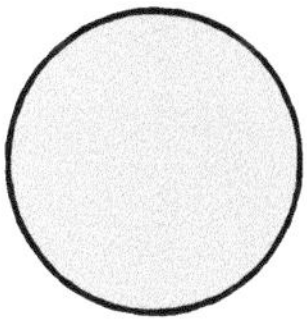

圓形

دایره

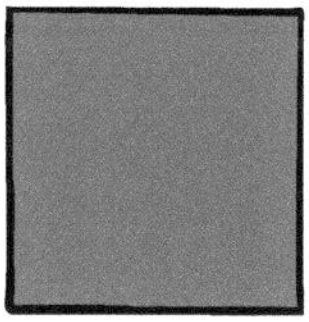

正方形

مربع

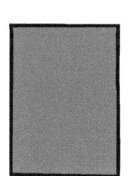

長方形

مستطیل

三角形

مثلث

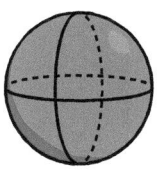

球體

کره

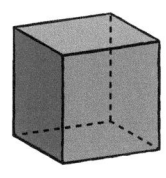

立方體

مکعب

顏色

رنگ ها

白

سفید

黃

زرد

橙

نارنجی

粉

گلابی

紅

سرخ

紫

بنفش

藍

آبی

綠

سبز

棕

نصواری/قهوه یی

灰

خاکستری

黑

سیاه

反義詞

متضاد ها

很多/少許

زیاد / کم

生氣/平靜

عصبانی / آرام

美/醜

مقبول / بدرنگ

首/尾

آغاز / پایان

大/小

بزرگ / کوچک

明/暗

روشن / تیره

兄弟/姐妹

برادر / خواهر

乾淨/骯髒

پاک / کثیف

完整/缺失

کامل / ناقص

白天/晚上

روز / شب

死/生

مرده / زنده

寬/窄

عریض / باریک

可食用/非食用

خوراکی / غیر خوراکی

邪惡/善良

عصبانی / دوستانه

興奮/無聊

هیجان زده / کسل

胖/瘦

چاق / لاغر

第一/最後

اول / آخر

朋友/敵人

دوست / دشمن

滿/空

پر / خالی

硬/軟

سخت / نرم

重/輕

سنگین / سبک

餓/渴

گرسنگی / تشنگی

生病/健康

بیمار / سالم

非法/合法

غیر قانونی / قانونی

聰明/愚笨

باهوش / احمق

左/右

چپ / راست

近/遠

نزدیک / دور

新/舊

نو / کهنه

沒有/有些

هیچ چیز / چیزی

老/幼

پیر / جوان

開/關

روشن / خاموش

打開/闔上

باز / بسته

安靜/吵鬧

بی صدا / پر سر و صدا

富/窮

ثروتمند / فقیر

對/錯

صحیح / غلط

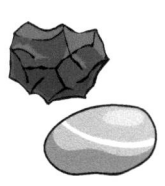

粗糙/光滑

ناهموار / هموار

傷心/高興

غمگین / خوشحال

短/長

کوتاه / بلند

慢/快

آهسته / سریع

濕/乾

تر / خشک

溫暖/涼爽

گرم / سرد

戰爭/和平

جنگ / صلح

數字
اعداد

0

零

صفر

1

一

یک

2

二

دو

3

三

سه

4

四

چهار

5

五

پنج

6

六

شش

7

七

هفت

8

八

هشت

9

九

نه

10

十

ده

11

十一

یازده

12	13	14
十二	十三	十四
دوازده	سیزده	چهارده
15	16	17
十五	十六	十七
پانزده	شانزده	هفده
18	19	20
十八	十九	二十
هجده	نوزده	بیست
100	1.000	1.000.000
百	千	百萬
صد	هزار	میلیون

語言
زبان ها

英語

انگلیسی

美式英語

انگلیسی امریکایی

普通話

چینی ماندارین

印地語

هندی

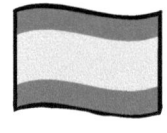

西班牙語

اسپانیایی

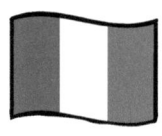

法語

فرانسوی

阿拉伯語

عربی

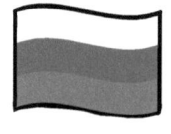

俄語

روسی

葡萄牙語

پرتغالی

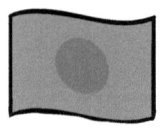

孟加拉語

بنگالی

德語

آلمانی

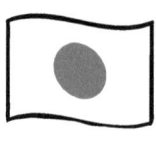

日語

جاپانی

誰/什麼/如何

کی/چی/چطور

我

من

你

شما

他/她/它

او / او / آن

我們

ما

你們

شما

他們

آن ها

誰？

کی؟

什麼？

چی؟

如何？

چطور؟

何處？

کجا؟

何時？

چه وقت؟

名字

اسم

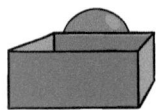

方位
کجا

後面

عقب

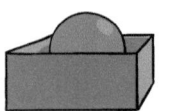

裡面

در

前面

پیش روی

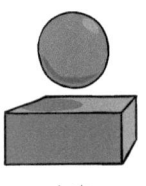

上方

بالا

上面

روی

下麵

زیر

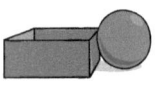

旁邊

پهلو

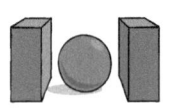

中間

میان

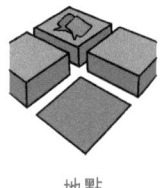

地點

محل